Arquitectura del asombro

VÍSPERA DEL SUEÑO
Colección de Poesía
(Homenaje a Aida Cartagena Portalatín)

(Homage to Aida Cartagena Portalatín)
Poetry Collection
DREAM'S EVE

Alicia Del Carmen

ARQUITECTURA DEL ASOMBRO

Nueva York Poetry Press

Nueva York Poetry Press LLC
128 Madison Avenue, Suite 2RN
New York, NY 10016, USA
+1(929)354-7778
nuevayork.poetrypress@gmail.com
www.nuevayorkpoetrypress.com

Arquitectura del asombro
© 2025 Alicia Del Carmen

ISBN-13: 978-1-966772-21-7

© *Dream's Eve Collection / Colección Víspera del Sueño vol. 7*
(Homage to Aída Cartagena Portalatín)

© Editor in Chief & Publisher:
Marisa Russo

© Editor:
Francisco Trejo

© Cover Designer:
William Velásquez Vásquez

© Blurb:
Ramón Saba

© Author's Photograph:
Author's Personal Archive

© Cover Artist:
Francisco Cerón
Serenade
Acrylic & mixed media on canvas
ceronart.com

Del Carmen, Alicia
Arquitectura del asombro. 1ª ed. New York: Nueva York Poetry Press, 2025, 104 pp. 5.25" x 8".

1. Dominican Poetry 2. Hispanic American Poetry.

All rights reserved. No part of this publication may be reproduced, distributed, or transmitted in any form or by any means, including photocopying, recording, or other electronic or mechanical methods, without the prior written permission of the publisher, except in the case of brief quotations embodied in critical reviews and certain other non-commercial uses permitted by copyright law. For permissions contact the publisher at: nuevayork.poetrypress@gmail.com

I
CIMIENTOS

OMNIPRESENTE

¿Dónde te encuentro?
¿Dónde te busco?

Estás cuando llamo.
Estás en el brillo prestado del reloj.
Estás en el aroma del jardín que visitan
las aves ajenas.
Estás en el sabor de los frutos viajeros.

Vas y vienes,
suave y feroz.

Huellas que dejas,
huellas que sigo,
huellas que encuentro en ti.

CÓDIGO CERO

Sigo contigo en el espejismo,
en la pausa que escucha,
una noche abierta al filo del vértigo,
alumbrada por luna sin boca,
bajo un canto que no cesa.

Coro de grillos que insisten,
amenazados por la tensión del frío y el reloj.
El yo mide el pulso,
bajo estrellas que respiran
la fiebre del cielo.

Pez en la hondura de un espejo incierto.
No sabe si es mar,
no sabe si es río.
Solo sabe ser agua.

Las estrellas, velas de mecha breve,
titilan sin fe,
Se inclinan al paso de las nubes:
ensayo dudoso de la marea apresurada.

En la distancia, se tensa la hebra.
No sé si es tu voz
o lo que queda de la llama.

Soy el simple lienzo de la resonancia
espacio al que se entra
sin entender que permanece,
en las paredes con murales
de artistas en vigilia.

Soy delirio hecho razón.
Todo pulsa en mí.

HORA CREPUSCULAR

Solo en el atardecer
el árbol testigo del encuentro.

Ya sin follaje,
Su corteza resiste el entorno.
Se queda sin ropa,
se pierde en su ser.

Para sostener lo que el viento deja,
se inclina al punto de fuga,
absorbe el silencio húmedo,
dobla su pulso hacia la penumbra;
también la desnudez lo mira.
Piensa en el soplo antiguo
que alguna vez rozó su ceniza dulce.

Árbol que, al caer por la tarde,
aguardaba el roce,
las pinceladas de complicidad.

Guarda en su oquedad suspiros sin nombre,
la brasa de gemidos que lo habita
aromas de un futuro que no alcanzó a ver,
recuerdos suspendidos
entre ramas frondosas, esbeltas,
que aún sostienen el deseo,
capaces de estremecer.

LOS ZAPATOS COLGADOS

Ya se mezclaron con el polvo,
sin razón, sin dolor, en silencio.

Desde la cama se tiende en su punto de fuga,
ve de lado,
ve de frente,
el tránsito anónimo del mundo.
Levanta los pies,
deja suspendidos los zapatos.

No hay más travesura que andar,
reposar contigo,
bajo la forma exacta del descanso,
mis piernas trenzadas a las tuyas,
colgados al minuto que no vuelve.

CAMBIO DE MIRADA

Abrí los ojos.
El pensamiento y el pulso
reconocieron el mismo ritmo
en la quietud que antecede al respiro.

En el silencio,
mi médula retenía
lo que aún no puede decirse:
el archivo íntimo del ímpetu.

Aún pesaban los anhelos.
La almohada guardaba su curva.
El aire retenía tu brizna.
Los girasoles protegieron sus semillas.
Dejé sobre tu ausencia
un resto del amanecer.

Respira.
Siente.

No levantes el núcleo:
escucha su fondo.
La fisura se reconoce en el temblor.
La fibra se prueba en su cicatriz.

He vuelto a abrirlos.
En la retina, el orden germina,
materia que recuerda,
semilla que empuja
la tierra que la oprime,
resplandor que se alza desde el fondo.

Esa semilla persiste.
No busca, atraviesa.

Ya brotada,
descubre el rostro
que lo observa sin juicio.
Esa luz pronuncia:
Estás, eres.

Vuelve.
El iris no florece: respira.

Vive.
Crea.
No apagues la mirada.

Los abrí.
Estás aquí.
No hay borde.
Tú existes
en mí.

CONTRATO DE TIERRA

Elevé el pensamiento;
desde ahí lo lancé a volar
con el Capitán Gravedad.
Fui pirata en lo etéreo,
perdí la noción de las agujas.
De pronto, aterricé.

Toqué tierra sin títulos:
textura renovable.

Sentí corrientes de savia, aún sin nombre.
Gritaban en todos los lenguajes:
tengo sed,
necesito abrigo,
abrázame,
pisa con cuidado,
no viertas en mí tanto duelo.

Tu llanto, tu sudor de hierro
abren ríos amargos,
ciegan los sentidos,
ensordecen la espera.

Los canales del oído
son vías interrumpidas.

Mi garganta combate un nudo,
una ley que impide respirar.

Detén tu furia:
no es aceptable ese modo de amar.
Te propongo callar.

Detén tu furia.
Háblame desde el ensueño
y sorpréndete al alba.

Despierta.
Despeja la niebla,
el horizonte prepara su teatro para ti.

Despierta.
Deja que el rocío nos empape de clemencia.
Recibe los frutos que no buscan fronteras,
que no desean perderse en bocas ajenas.

Permanece.
Invócame a una siembra sin banderas,
a una cosecha sin mapa.

Hagamos un pacto de sol y tierra.
Dejemos que la lluvia
firme nuestros sueños de polvo.

GERMEN DE LA DUDA

Sospecho que sospechas.

Tu pecho —al igual que el mío—
es un lecho tejido de angustias,
de risas,
de historias nacidas de caricias
que sobran o faltan,
que devuelven al origen las lágrimas
que resbalan por la costumbre de la piel,
por los ciclos obstinados
de amor
y de dolor.

Sospechoso.

¿Sospechoso es el signo
o es el velo?

Cuando se abre el telón del vacío
y allí, frente a frente,
tú y yo.

30

Miro
fijo,
lejos,
intenso.

Pienso
profundo;
siento,
veo.

Viajo,
lento;
respiro,
paro.

Abrazo los instantes
silencio que respira.

Retengo,
dentro;
camino,
añoro.

Ayer,
mañana,
cruzo,
retorno.

Valiente,
viajero,
visiones
llevo.

TOPOGRAFÍA DEL QUERER

Quise sostenerte.
Quise contar miles de estrellas;
quise mirar contigo el desvelo del ocaso,
sin contar nada,
recorrer más de un punto cardinal,
ver cómo enardecen las distancias a tu lado.

Quise ser verdad en tu memoria.
Quise existir sin espejos.
Quise —sé que siempre quise—
permanecer hasta el final.

Te busqué en la frontera del sueño,
también en la vigilia.
Quise quedarme,
dar forma a un mañana
que respirara en plural.

Quise que el resplandor no cegara,
que el miedo no se instalara entre nosotros.
Quise tenerte,
ampararte del ruido.

Quise ser real,
ser yo, nadie más.

Y quise,
lo supe siempre,
no dejar de querer.

Quise lo que tú deseabas.
no por destino,
sino por elección.

Quise compartir la intemperie,
caminar la misma deriva,
abrir la veta de la ternura.

Quise ser tu compañía.
A tu paso, vivir la hora.
Quise —y aún quiero—
hallar en tu latido
un lugar donde callar.

EQUIPAJE INSUMISO

Traigo conmigo
la obstinación del viaje
una foto vencida,
un trazo de flor.

Traigo conmigo
provisiones del pasado,
un eco de tu risa,
un corazón que insiste,
mientras la senda se repliega
y el vínculo se demora.

Traigo pensamientos que besan al sol,
el abrazo de la brisa,
el rumor que apenas se alza
para despertar.

Traigo un lienzo en blanco,
un pincel que espera,
pigmentos que recuerdan,
una gama secreta.
Mi rostro, mi piel
Reciben su huella:
belleza, sencillez.

Traigo conmigo
Traigo la brújula muda
para alcanzar una estrella,
sentarse a su lado,
después de besar la arena,
brillar con luna llena
frente al mar que la esperó.

II

Columnas

Moneda de asombro

Doy pasos en la aurora. Toco las nubes de un cielo sin frontera, hábitat de quienes se atreven a imaginar. Frente a la tienda de maravillas me detengo y me pregunto: ¿y el perrito? ¿Cuánto cuesta el perrito en la ventana?

No sería alto el precio por el valor de su mirada, por su presencia que despierta tu sonrisa necesaria cada mañana.

BESO A FUGA DE PREJUICIO

Encuentra la cercanía
en el largo viaje de mis ojos,
en las alas abiertas que se cruzan
con el bucle tibio de tus suspiros.

Arde el abrazo,
Se expande la llama del pecho,
corazón de caramelo derretido
que se estira hacia ti,
donde el beso rompe su encierro.

Historias se enlazan
En ese gesto fugitivo
libre de condena,
sin desperdicios,
sin horario,
sin condición.

Labios ciegos
recogen la dulzura de tu médula,
mientras las ruedas giran calladas,
y el timón respira su propia duda.

Ahí te entrega.
Ahí te deja.
Pero estás en mí.

LA SEXTA PREGUNTA

Te miro
y empiezo a decirte
CÓMO el corazón sostiene su trama,
cómo persiste, sin medida

Te nombro
y pregunto
CUÁNDO el temblor del cuerpo
se vuelve respiración.

Te indico
DÓNDE se sostiene la ausencia,
en su forma desnuda.

Y sé POR QUÉ —
porque el canto me desborda,
porque el llanto me revela.

Te respondo para QUÉ:
para alcanzar la transparencia del decir,
para vestir con pocas letras
una melodía mínima,
y desnudar, sin herir,
tu amor.

Y si preguntas QUIÉN,
la respuesta eres tú.

Matriz de los latidos

Somos distintos,
pero en esencia somos iguales.
Fuimos creados libres, conscientes
capaces de amar.

Compartimos el acierto,
los sueños y las pruebas,
el dolor que nos acerca
y la querencia que nos sostiene.

Compartimos los intentos,
las metas, las caídas,
la razón que nos guía,
la esperanza que insiste.

Celebramos la alegría
de vivir en libertad.
Soñamos una tierra
donde la paz no se prometa:
se cumpla.

Y cuando llegue la partida,
desde aquí al más allá,
cuando el aire se aparte del cuenco,
quedarán las obras,
la huella de lo ofrecido.

Lo que se ha hecho al caminar
marcará toda la historia.
Se trasciende en caridad

Somos gente diferente
En esencia somos igual

Fuimos creados
libres y conscientes.
Fuimos creados
para amar.

Umbral de incertidumbre

> *Yo soy responsable de mi rosa.*
> Antoine de Saint-Exupéry

En un jardín de diálogos
suspira la elegida.
La cercanía revela su aliento;
su aroma viaja, se extiende.

Una rosa está quieta, mira,
separada de su patria,
¿Sacrificada o heroína de ternura lúcida?
Emprende viajes de propósito:
ecológicos, humanos.
Entrega su núcleo;
su intervalo suspira en la incertidumbre.

Con cortina abierta se desplaza,
envuelta con adornos de expectativa
o desnuda entre manos anhelantes.
Avanza sobre la transparencia,
acompaña el dolor, la alegría;
se confunde con el viento.

Más allá del color
una gloria persiste en cada historia.
No es pasajera de minutos mutantes:
Es reflejo de lo que permanece.

Es espejo de emociones,
captura de lo que tiembla
entre parpadeo y vibración.
Multiplica su eternidad
sin carne ni huesos.

El reloj se adormece.
La rosa descansa en su lecho de agua,
salpicada de lágrimas.
Perplejidad entre la distancia
y el pliegue elegido.

El *momentum* la absuelve
La sombra se inclina a su lado
y consuela su protagonismo.

Una rosa está quieta,
mira,
desde su hondura.

Ha encontrado la totalidad:
es presencia que perdura,
aroma suspendido
entre fotos y recuerdos.

Teorema del encuentro

> *Caminante no hay camino,*
> *se hace camino al andar.*
>
> Antonio Machado

El tren sacude mi centro;
cada golpe ordena mi rumbo.
El compás de la travesía
ya presiente mi llegada.

Llego al punto donde la piedra guarda calor,
donde tu aliento interrumpe el instante.
El encuentro no anuncia:
te reconoce en mis entrañas.

Si amar es el verbo
que me nombra y me disuelve,
sentir es su reverberación más profunda;
besar, la forma breve
en que los alfabetos se traducen.
Allí el corazón se despliega
sin pedir explicación.

La clave resuena, afinada
sobre el sabor de tu rostro.
El roce de la piel
escribe la llegada.

ARQUITECTURA DE LA PIEL

La sílaba se pliega, vecina
de tu presencia, en este trance.

La realidad: el hueco de tu almohada,
un hálito tenue del beso.
Allí se tensa el punto de la piel,
donde compañera del misterio suspira.

El corazón —insumiso—
Sigue el cauce de la sangre,
rebelde o dócil,
en la misma dirección:
no por llegar,
no por deber,
sino por impulso.

No buscar.
No obedece.
Cruza todas las barreras
sin quebrar la línea.

Tu corazón sobre mi pecho,
Sostienen las columnas
de la arquitectura del instante.

Raíz compartida

La inocencia se astilla
y el mundo gira sin aviso.

En momentos inciertos,
sentimos el temblor del otro
su cansancio, su herida.

Cuenta con nosotros,
aunque en la distancia diluya los gestos.
La constancia no se mide en pasos,
sino en presencia.

Estamos aquí,
en la misma arcilla,
en un mismo sustento

Ten ánimo y valor,
que no disminuya tu aliento.

Nuestro amparo es el tuyo:
el que te sostiene,
el que te invita a seguir.

EJE DEL ASOMBRO

> *El ser de la mujer no es algo dado,*
> *sino una conquista.*
>
> SIMONE DE BEAUVOIR

Mujer visionaria
cruzas el horizonte
y lo transformas.

Camina sobre mar y piedra,
no para vencer,
sino para sembrar sentido.

Llevas germen en la mirada,
la memoria despierta en el vértice,
el brío que insiste
aun en la caída.

No esperas la promesa:
la construyes.
Levantas del silencio tu casa,
nombras lo que falta,
tejes la esperanza con voz propia.

Vuelas libre en las alturas,
tus pies firmes en la tierra.

La alegría te habita
como oficio y destino.

Eres brasa consciente,
fuego que se aquieta sin apagarse.
Nada te detiene:
amasas el incendio,
preservas la certeza.

Ves tus metas cumplidas,
no como triunfo,
sino como siembra.
Descansas sin rendirte,
erguida en la claridad de tu paso.

Mujer,
tú no esperas el milagro:
lo inauguras.
No eres símbolo,
Eres principio y presencia.

LA FLOR QUE ME NOMBRA

Dame la flor
no cualquiera, solo aquella
que me nombre al filo del aura.

No la quiero por su aroma,
sino por su fuerza:
por la manera en que habita el instante
sin miedo a perderlo.

Ponla en mis manos,
quiero entender su lenguaje:
cómo se entrega sin reclamar,
cómo sostiene belleza
aunque la jornada la desgaste.

No teme a las inclemencias de la intemperie,
con su permanencia intacta,
aprende de su tallo
cómo amparar su savia
sin agotarla.

Que su color me recuerde
a mirar sin velos,
a no dejar que la claridad
se me apague en los ojos.

Hoy, solo quiero su compañía,
su presencia sencilla,
esa certeza pequeña
de que algo florece,
aunque dure poco.

No busco promesas.
Solo la flor,
la que no se guarda:
la que ofrece su todo
y aun así permanece.

COLOR DE ROSA

> *El paraíso*
> *no es algo que se conquista,*
> *es algo que se ama.*
>
> EDITH PIAF

Rosa:
matriz de promesas quietas,
toda la pureza desafía el límite.

Sin sonido,
Dejemos que nos nombren las manos.
Dejemos que el gesto
sea cómplice
de nuestra estela.

FECHA PARA DOS

Fui hoja seca del otoño,
nieve que el sol dejó disolverse,
capullo cerrado en primavera,
verano que olvidó su fuego.

Mi mirada no podía contenerse
las lágrimas buscaban su cauce.
Mucho desvelo pasó sin encontrarte,
solo en el sosiego persistía la fe.

Cerraba los ojos,
para verte —quizá— en el quicio del sueño.
Pero tú no sabías la coordenada exacta
hacia mis brazos, mis besos, mi piel.

Los abría, los cerraba otra vez,
temerosa de un despertar sin tu nombre.
Dulce lo que soñé vivir,
el que el azar parecía negar.

Hasta que un día la órbita guardó su secreto:
una fecha, escrita para dos.
En un mariposeo de párpados,
vi nacer el temblor del encuentro.

Desde entonces, con claridad en el rostro,
soy jardín de una flor que no se marchita.
En ti queda mi plano,
y en mí, tu trazo firme.
Allí descansa la fecha que nos unió.

EN EL RECINTO DE TU CORAZÓN

Seré el tono que resiste mezclarse,
trazaré con fuego líquido
el mural donde guardas tus nombres.

Por la niña de mis ojos veré un prisma
donde se dispersa la pasión:
una luz en desborde.

Dentro de ti quedará la impronta,
huella de imágenes fundidas,
del llanto y de la dicha primera
que ascienden desde el alma.

Seré el surrealismo de tu corazón,
pintaré con lágrimas encendidas
y risas que respiran algodón
las figuras que huyen en la noche.

Beberé de la copa inagotable de la inspiración
hasta saciar la sed de permanecer
en el relieve de tus costillas:
una exposición sin término,
sin fecha de clausura.

III

Ventanas

Que me secuestre la naturaleza

> *Soy la naturaleza*
> *deseando entenderse a sí misma.*
>
> Clarice Lispector

Al despertar en la montaña,
que mi mente invente,
que invente con libertad
la sencillez de los lienzos sin mancha,
donde el rocío se disuelve
y las mariposas de humo levantan vuelo.

Que los colores nazcan del olor,
que el sonido de las flores pinte el fulgor.

Que las corrientes guíen el pincel,
que el lápiz dance en gratitud
al rozar la falda de la tierra,
que la bese,
y los pies se eleven en su turno.

Tú y yo: perdidos y hallados,
tú me buscas, yo te sigo,
me muevo, y luego me encuentras.

Peces tendidos frente al sol,
bajo sombrillas de hojas,

respiran el secreto del agua.

Que haya huellas de cristal
que nombren su intento,
los tallos que crecen sin suelo,
que avanzan sin pies.

Que me secuestre la naturaleza:
soy su prisionero voluntario,
testigo de su respirar.

Soy la vida que corre,
la que despierta tu sed.

GEOMETRÍA DEL AGUA

> *La mente es un vaso de agua [...],*
> *cuando los límites se desbordan, es el caos y la disolución.*
> *El agua no es mala, la forma es el problema.*
>
> RITA INDIANA

Cuando calla la intención,
sospecho al instante:
¿hacia dónde conduce la corriente?

Aunque el horizonte no se ve,
doblar es presagio en el tiempo,
escapar carece de rumbo.
Sur o norte conducen al mismo punto.

¿Para qué ocultar la ausencia,
si habitamos entre lo vivido
y lo que aún espera por nacer?

¿Para qué idealizar la presencia,
si ya volamos alto,
sin perturbar las nubes?

Sabes encender el faro del alma navegante,
marinero que duerme
en un mar agitado y profundo.

Miras en calma desde el ojo de la tormenta,
donde la ilusión conserva su fuerza.

Remas para cifrar ecos en las olas,
vuelas para descubrir ríos en el cielo.
Así la existencia se confunde,
gota tras gota,
en su propia caída.

EL VUELO DEL PULPO

> *Nací para mover las alas*
> *aunque me corten el vuelo.*
>
> ALEJANDRA PIZARNIK

Quimeras que resisten:
el deseo se expande y luego retrocede;
la fuerza interior tienta el borde,
las olas se curvan, aguardan el gran salto.

Un vasto azul sin margen
—ese que acecha y nos convoca—
mide la libertad, su límite en el abismo.

Más allá de una dirección,
soy pura energía con rumbo incierto:
me entrego al azar,
no retrocedo frente a lo inalcanzable.

En la inmensidad de las aguas,
mi vaivén se tensa;
mis tentáculos trazan abanicos
en los músculos del océano.
Despliego mi fuerza, revelo mi verdad.

Y en cada intento, el aire me reclama,
me invita a su altura,
sin promesa de alas que me eleven.

Rito del agua

> *El cuerpo es el primer país del alma*
> Paul Valéry

Calla el agua.
Resbala, sigilosa, sobre mí.
Los sentimientos —diestros en fingir calma—
se revelan bajo la piel.

La hondura interior se sumerge,
se refugia en el roce del agua,
entre frío y ardor.

Los poros, sedientos,
beben su alivio.
La sustancia se atreve, temeraria o tímida,
en su tránsito.

Cada curva recobra su nervio.
He llegado.
No conquisto mi imperio:
me pertenezco.

El lenguaje de la lava

Cuando un volcán despierta,
el fuego lo habita hasta rendirse.
No hay tregua: solo espera
hasta que la tierra lo enfría.

Imagino entonces
el encuentro de dos potencias,
dos pulsos de la naturaleza
que se buscan sin miedo.

Si un huracán descendiera,
si su furia envolviera la montaña,
la lluvia —incesante, vasta—
rompería desde el cielo,
besaría la lava,
la calmaría sin apagar
su tránsito interior.

Tendría que llover mucho,
sin descanso,
hasta que el fuego ceda
y la tierra respire otra vez.

Así responde la naturaleza:
con igual intensidad,
con fuerza que reconoce su espejo.

Sería un instante pleno:
las aves surcan la alborada,
los rayos del sol juegan sobre el vapor,
la brisa danza entre árboles húmedos,
las nubes unidas en un mar sereno.

En ese abrazo de extremos—
volcán y huracán—
la creación se consuma.

ABRAZAR SIN FRÍO

Hago una pausa
en el tiempo de mi seno.
Descanso en la estancia interior,
huésped de una ternura que aún respira.

Tus recuerdos, indóciles,
se deslizan sin permiso,
acarician mi origen
con las manos del perdón.

Mis ojos beben de ti,
alimentan el jardín secreto
donde germinó la inocencia
de una primavera sin espinas.

Las heridas ya no crecen,
detienen su rumor en la memoria.
Vivo, avanzo,
persigo el encuentro en el olvido,
mi destino extraviado
aún confía
en poder abrazar sin frío.

MÁS ALLÁ

> *Amar es un modo de eternizar*
> *lo que de otro modo moriría.*
>
> Aída Cartagena Portalatín

Más allá del relámpago,
ya te presentía;
más allá, sin medir el tiempo;
más allá, donde respira la altura
y se reúne con los rayos del sol
y el esplendor intacto de las estrellas.
Más allá,
ya yo te amaba.

IV
Bóvedas

BÓVEDA DE SUEÑOS

En la profundidad del tiempo,
en el silencio del espacio,

con las puntas de tus pies encendidos
agitaste el océano dormido,
alzaste montañas de espuma hasta la estancia.
Juntaste los vestigios que se escurrían
entre los dedos
y los subiste a tu barca.

Abriste especies extrañas de pasión,
amparaste lo desvalido,
domaste los sentidos,
sacudiste los "te quiero" de la calle,
tendiste un velo nuevo sobre abrazos diluidos.

Devolviste los besos en fila,
apaciguaste la tormenta de promesas,
despertaste miles de
—osos aún soñolientos—,
soltaste libélulas.
En esta bóveda fecunda
ubicamos el amor.

Fórmula de los suspiros

En el laboratorio de los sentimientos
aparece la fórmula:
respiración destilada con resonancias,
burbujas de pensamiento
que cruzan, a toda luz, la autopista entre mentes.

La membrana —a cargo del éxtasis—
altera ritmos, busca un mismo pulso:
olimpiada de palpitaciones,
carrera sin cinta ni cronómetro.

Un fervor voluntario concentra todo:
se rinde la frecuencia
se quiebra la razón.

Entra la neblina y desordena:
las alertas ya no suenan,
solo pajarillos dan vueltas en la cabeza;
la vista se reduce a un rosa borroso.

Cuerdas vocales y pulmones robustos
no logran un hilo de voz.
La nota se sienta y, lúcida, cae;
la temperatura sube;
bajo la materia se agita el estremecimiento.

Estalla algo en el silencio:
nos deja envueltos, empapados, atónitos,
arrebatados.

Salta el pecho;
asciende el diafragma;
se alza el telón de las pupilas;
los hombros ceden, por fin,
Así nace el suspiro:
el aire rendido al asombro.

CÚSPIDE DE LA INTENCIÓN

Visita tímida del fuego,
dicha del corazón, suerte breve,
fortuna con un hilo de ganas,
cima del designio.

Caminante a pie descalzo,
brazos sueltos: tambor que arde;
cruza puentes de pensamiento largo,
se suspende de la historia donde abre una flor.

¿Fuiste tú o fui yo
quien ató el destello de esa visita altiva
para que no se fuera?
¿Fue el sol que te siguió
o fuiste tú quien trajo el calor?

Los rayos —valientes— quisieron quedarse
aquel solsticio de verano.
Rehusaron volver la espalda
y, tercos, le cerraron los ojos al reloj.

Intersección del reloj

La existencia en movimiento se detiene.
El reloj marca la misma hora.

Coinciden vidas, seres e intereses,
impulsos guiados
o empujados por acciones.
Las razones levantan techos de lucidez.

Encrucijada o confluencia de frecuencias,
los pensamientos ejercen su libertad.
¿Estar o no estar?
Esa es la pregunta.

Comienza el proceso de registro:
el minuto pasa revista:
el engranaje, en primera fila, dice "presente"
y alza la frente, condecorado.

Estallan ideas a presión;
la verdad toma el mando.

Fluye una fuente de bienestar y armonía;
lo intangible celebra sin aspavientos.
Nadie exige; todo ocurre en su medida,
como si la esfera no recordara su eje.

El péndulo despierta paso a paso,
y se expande una reciprocidad emocional,
también fisiológica.

La templanza se abre en cápsulas.

A veces el pozo se seca —daño o dolor—
y quedan en suspenso las posibilidades.

Brotan desprecios que disuelven
el cúmulo de quehaceres.
Soplan polvos que, en el murmullo,
se desdibujan.

No importan la dirección, la forma ni la circunstancia:
nacen ganas de torcer la prisa del compás.

Detente —o retírate—,
candidato de bandos opuestos.

Llegan órdenes:
que el reloj no marque las horas
o que parta sin boleto.

Por experiencia, las vías que podrían llevar
a un nuevo encuentro
se anticipan con ansiedad
o se evitan con astucia.

NOCHE SIN PUERTAS NI ESQUINAS

Cerca —muy cerca—
o lejos, en su distancia.

Cielo estrellado:
una pasarela de luces por júbilo,
otras por dolor contenido.
Late igual el corazón,
igual se alza el furor.
Siempre a tu lado,
en el centro vibra
una amistad
de arquitectura dulce.

Mientras la noche es noche
y corre sin señales:
cielo sin calle,
sin puente, sin dirección.

Misma intensidad:
brasa, dolor, una ilusión.
Jardín sin color,
jardín sin olor.

Calor de noche que vela sin sol.
Frío de río desnudo al amanecer.

Danza que no fatiga,
respira y da placer.
La sonrisa se aferra
a tu desorden querido.
La picardía descansa,
y nos ata por los pies.

"Nos vamos… ya nos vamos",
anuncio de intervalo reacio al adiós,
frente a una pared
sin puertas ni ventanas,
sin salida, sin fin.

El espacio se hace redondo,
sin esquina para doblar.
La órbita cuenta hasta diez
y vuelve al uno.

Pestañas en conjuro,
se abrazan sobre la cama:
traman deseos en disputa.

Llego a tu pecho —con o sin derecho—
para un despertar sin término.

La noche es noche.

ESCALERA

¡Un peldaño asume el reto!
    Dueño de su existencia,
        acepta su destino:
            elevación, tránsito,
                niveles, puntos.

Peldaño tras peldaño,
    cercanía eterna
        que deshace
            lo temporal.

Extremidades:
    confianza que ampara
        el peso de existir.

Otro peldaño aguarda.

Se eleva el cuerpo,
paso tras paso.
    Alcanzado y asumido
    la raíz asciende
        a la altura
        de sus huesos,
            saluda el más allá.

V
PUENTES

WONDERS OF A NEW LIFE

When enough things
Are not enough
When the search for love
Is an endless path
When many earned honors
Leave bones dry
And hollow the heart
A new search emerges
Then the total experiences
Of the passing of time
Which have woven our history
Are gathered with a cry
For the spiritual existence
Shaping the truth inside
And renewing our souls
Conceiving wonders of a new life

PARADE OF EMOTIONS

A parade of emotions runs deep through
        the streets
Look at laughter carrying sorrow
Covered with a mist of love
Here comes bitter, here comes mellow
Walking down arm in arm
Oh, how sweet of these fellows
To forget all the jealousy of the past
There's no anger or disgust
I think fear is turning back
Joy, joy, joy with acceptance tips his hat
As the crowd loudly cheers
With anticipation for the biggest surprise
Where is the pain? Where is the pain?
Screamed those who were scared
Oh, no need to dispel
He was selfish, rude and unkind announced
        the most shameless of them all
He was trying to beat us in traffic
but was stranded in his flight
Celebrate all and be happy—
Pain won't make it in, this time!

BOUNDLESS

We hear
We see
We rise as our spirit yearns
Boundless fields
For a free heart nestled among countless thoughts
Wrapped in indelible droplets
Dancing to the tune of righteousness

Beyond rivers of tears
Beyond mountains of sorrow

We rise as our spirit yearns
Boundless fields
For a free heart embraced by
Endless prayers
Flying upon sharp arrows of endearment

Beyond trails of pain
Beyond roads of helplessness

We Hear
We see
We see blankets of clouds dissipate and
We rise as our spirit celebrates
Boundless fields for a free heart

LEMON SQUEEZED KNOWLEDGE

Half dozen per dollar
Caught destiny in some little hands
Squeeze today's the yellows for tomorrow's green
Crush, crush, ice with water
Refreshing teachings of today
Some sweet mixed with sour
The professor's knowledge squeezed with pain
To increase value in the portfolio
Some children in a corner
Yelling "Fifty cents for lemonade!"
Come meet the greatest college
Of the future businessmen
Lemon sweet or sour
"Financial Advocate"
Your cry of this summer
Leads to financial freedom someday!

TRAVELLING THOUGHTS

My thoughts have left me
They left my body behind
They say they're on vacation
Searching for adventure at some other time

They've been seen cruising big city streets
Carrying thrills and laughter in their travel bags
They have joined the crowds quite comfortably
Leaving the quietness of the small town behind

It was a short stay,
It was fast,
It was wild,

They are not there anymore,
They've hopped on a large cruise ship
And met peace in the calm ocean breeze

They let time do its job
To transport them all around
With no barriers,
No money needed,
No passport required

Now, halfway around the world
They have found their new retreat

Oh, the sun, the sun,
The white sand beach and palm trees
The fruits that fall from the trees, ripe and ready
    for anyone to eat
This is a place to relax, to let go, to forget,
    to live, to be

With this freedom my thoughts possess
I just wonder:
How can I blame them if they never come back

ATHLETIC THOUGHTS

Invisibly fit
Maintaining the wildest thoughts actively
    challenged
Sometimes running aimlessly and uncontrollably
    in every direction
Sometimes stepping up the mood ladder
Or slowly sliding down depression path—
Just lingering
Just wondering
Pressing against resistance
Wanting to escape

Sporty thoughts exercise the power to be free
Curling and crunching energy
Lifting and pressing daily dose of health
    into shape
Creating a rejuvenated and revitalized new you

CLOUDS OF DREAMS

Mothers of passion
Nurturing our secrets and dreams
Reach up high and embrace them—
All puffy, white and yet crisp
Pregnant with blueprints
Giving birth to tomorrow
Wise architects of our goals
Creating future from our plans
You provide us with an intangible bridge
Anticipating the precipitation of our ideas
made into droplets of concrete creations
I am ready for the bliss of completeness and
      splendor
Of the new birth to be delivered
After thinking for so long, after dreaming many
      hours days and years—
I only wish that today with some dream drops
      I would be showered

Acerca de la autora

Alicia Del Carmen (Jarabacoa, La Vega, República Dominicana). Poeta y autora nacida en Jarabacoa, La Vega, y radicada en Nueva York. Ha participado en festivales de arte y cultura en Estados Unidos y República Dominicana, y su obra se ha vinculado a proyectos de justicia social. En 2020 realizó el lanzamiento del álbum *Letras del alma, guitarra y poemas*, con su voz y letras en colaboración con Edward D. En 2025 publicó su ópera prima Arquitectura del asombro (Nueva York Poetry Press).

ÍNDICE

Arquitectura del asombro

I. Cimientos

Omnipresente · 13
Código cero · 14
Hora crepuscular · 16
Los zapatos colgados · 17
Cambio de mirada · 18
Contrato de tierra · 20
Germen de la duda · 22
30 · 23
Topografía del querer · 24
Equipaje insumiso · 26

II. Columnas

Moneda de asombro · 31
Beso a fuga de prejuicio · 32
La sexta pregunta · 33
Matriz de los latidos · 34
Umbral de incertidumbre · 36
Teorema del encuentro · 38
Arquitectura de la piel · 39
Raíz compartida · 40
Eje del asombro · 41

La flor que me nombra · 43
Color de rosa · 45
Fecha para dos · 46
En el recinto de tu corazón · 48

III. Ventanas

Que me secuestre la naturaleza · 51
Geometría del agua · 53
El vuelo del pulpo · 55
Rito del agua · 56
El lenguaje de la lava · 57
Abrazar sin frío · 59
Más allá · 60

IV. Bóvedas

Bóveda de sueños · 63
Fórmula de los suspiros · 64
Cúspide de la intención · 66
Intersección del reloj · 68
Noche sin puertas ni esquinas · 69
Escalera · 72

V. Puentes

Wonders of a New Life · 75
Parade of Emotions · 76
Boundless · 77

Lemon Squeezed Knowledge · 78
Travelling Thoughts · 79
Athletic Thoughts · 81
Clouds Of Dreams · 82

Acerca de la autora · 87

DREAM'S EVE
VÍSPERA DEL SUEÑO
Hispanic American Poetry
Poesía hispanounidense

Homage to Aida Cartagena Portalatin
(Dominican Republic)

1
¿Qué bestia escoges hoy para morir?
Nilton Maa

2
Lejano cuerpo
Franky De Varona

3
Silencio diario
Rafael Toni Badía

4
La eternidad del instante / The Eternity of the Instant
Nikelma Nina

5
Poemas de Georgia / The Georgia Poems
Alexandra Newton Ríos

6
Verano Muerto
Ángel García

7
Arquitectura del asombro
Alicia Del Carmen

POETRY
COLLECTIONS

ADJOINING WALL
PARED CONTIGUA
Spaniard Poetry
Homage to María Victoria Atencia (Spain)

BARRACKS
CUARTEL
Poetry Awards
Homage to Clemencia Tariffa (Colombia)

BORDERLAND / *FRONTERA*
Hybrid Poetry
(Spanish - English)
Homage to Gloria Anzaldúa (U.S.A.)

CROSSING WATERS
CRUZANDO EL AGUA
Poetry in Translation (English to Spanish)
Homage to Sylvia Plath (United States)

DREAM EVE
VÍSPERA DEL SUEÑO
Hispanic American Poetry in USA
Homage to Aida Cartagena Portalatín (Dominican Republic)

FIRE'S JOURNEY
TRÁNSITO DE FUEGO
Central American and Mexican Poetry
Homage to Eunice Odio (Costa Rica)

INTO MY GARDEN
English Poetry
Homage to Emily Dickinson (United States)

I SURVIVE
SOBREVIVO
Social Poetry
Homage to Claribel Alegría (Nicaragua)

LIPS ON FIRE
LABIOS EN LLAMAS
Opera Prima
Homage to Lydia Dávila (Ecuador)

LIVE FIRE
VIVO FUEGO
Essential Ibero American Poetry
Homage to Concha Urquiza (Mexico)

FEVERISH MEMORY
MEMORIA DE LA FIEBRE
Feminist Poetry
Homage to Carilda Oliver Labra (Cuba)

REVERSE KINGDOM
REINO DEL REVÉS
Children's Poetry
Homage to María Elena Walsh (Argentina)

STONE OF MADNESS
PIEDRA DE LA LOCURA
Personal Anthologies
Homage to Alejandra Pizarnik (Argentina)

TWENTY FURROWS
VEINTE SURCOS
Collective Works
Homage to Julia de Burgos (Puerto Rico)

VOICES PROJECT
PROYECTO VOCES
María Farazdel (Palitachi) (Dominican Republic)

WILD PAPERS
PAPELES SALVAJES
Latin American Poetry
Homage to Marosa Di Giorgio (Uruguay)

WILD MUSEUM
MUSEO SALVAJE
Latin American Poetry
Homage to Olga Orozco (Argentina)

INTERNATIONAL POETRY AWARD
PREMIO INTERNACIONAL DE POESÍA NYPP
Award Winning Authors
Homage to Feature Master Poets

Other Collections

Fiction
INCENDIARY
INCENDIARIO
Homage to Beatriz Guido (Argentina)

Children's Fiction
KNITTING THE ROUND
TEJER LA RONDA
Homage to Gabriela Mistral (Chile)

Drama
MOVING
MUDANZA
Homage to Elena Garro (México)

Essay
SOUTH
SUR
Homage to Victoria Ocampo (Argentina)

Non-Fiction
BREAK-UP
DESARTICULACIONES
Homage to Silvia Molloy (Argentina)

For those who think as Aida Cartagena Portalatín, *worlds of tired feet will rest. Memory's thirst will have the rain of forgetting. My bed will be soft on the thistles; I'll dream of seedheads, it's eve of the dream.* This book was published in October 2025 in the United States of America.

www.ingramcontent.com/pod-product-compliance
Lightning Source LLC
Chambersburg PA
CBHW030735250426
43671CB00035B/462